AVIS

A MM. LES ÉLECTEURS;

PAR UN HABITANT DE MENDE.

---

*Geram tibi morem, et ea, quæ vis, ut potero,
explicabo, nec tamen quasi Pithius Apollo, certa
ut sint, et fixa, quæ dixero; sed ut homunculus
unus è multis, probobilia conjectura sequens.*

J'aurai pour vous cette déférence, et j'expliquerai
comme je le pourrai ce que vous me demandez, non
cependant comme Apollon Pythien, et de telle sorte
que ce que je dirai soit certain et assuré; mais comme
quelqu'un pris au milieu de la foule, donnant des
conjectures probables (CICÉRON. *Tusculanes, l. 1. c. 9.*)

AVIS

A MM. LES ÉLECTEURS,

PAR UN HABITANT DE MENDE.

De nouvelles élections vont avoir lieu dans toute la France, il est donc intéressant d'examiner si la Chambre qui se retire doit être réélue ou cassée.

Cette question est importante, car de sa solution dépend le bien ou le mal du pays, et cependant chaque parti la résoudra selon ses intérêts.

Mais il est des hommes sages qui ne jurent pas par les petites passions de leurs cotteries et qui dans leurs déterminations ne songent qu'au bien de leur Patrie : c'est à eux que nous nous adresserons.

La première question qui se présente mérite au moins par son importance d'être traitée incidentellement : nous voulons parler du serment.

A-t-on le droit d'en exiger un ? Les carlistes peuvent-ils le prêter et paraître ainsi aux élections ? A quoi les engage-t-il ? S'ils y viennent, ont-ils le droit de travailler à la chute d'un pouvoir qu'ils jurent de maintenir ? Enfin le dogme de la souveraineté populaire a-t-il la puissance de dégager du serment dans de certaines circonstances ?

Ces questions nous paraissent si simples qu'il faut qu'elles aient été vivement controversées dans ces derniers tems pour que nous les soulevions.

Aussi nous nous contenterons de poser quelques principes dont la conséquence évidente servira de réponse.

D'abord nous demanderons si cette souveraineté est absolue, ou si elle est asservie à des lois.

Si elle est absolue, nous demanderons si elle a le pouvoir de faire que le bien soit mal, et si elle peut légitimer un crime.

Qu'est-ce d'ailleurs que cette souveraineté ?

Sans doute la faculté qu'a toute nation de choisir ses lois et sa constitution : car elle ne saurait se gouverner elle-même ; mais quand ce choix est fait, peut-elle y revenir ? Peut-elle par caprice et à chaque heure précipiter du trône ceux qu'elle appelle à commander ? Non : car si les rois doivent garder leur foi, il n'est pas permis aux nations de manquer à la leur.

Qu'elle en serait au reste la conséquence ?

L'anéantissement de tout bonheur public et particulier, la ruine du commerce, de l'agriculture et des arts.

Mais comment donc ? Vous voulez que votre souveraineté ne reconnaisse aucune règle, et Dieu lui-même a pensé que la sienne devait être asservie à d'éternelles , à d'invariables lois : seriez-vous donc plus sages ?

Ainsi , dès qu'un gouvernement se tient tout à la fois dans les règles de la justice et de son institution , la souveraineté populaire doit obéir à la loi qu'elle s'est faite , autrement elle serait injuste , insensée et subirait toutes les conséquences de sa folie.

Que l'on consulte l'histoire : quelles nations ont été heureuses et florissantes , ont commandé dans le monde, ont imposé aux autres peuples leurs mœurs et leurs lois ? Seraient-ce celles par hasard qui se sont fait un jouet de la justice ?

La souveraineté du peuple outrepasserait donc son droit , si elle changeait demain la dynastie ou la constitution ; mais ce qu'elle ne saurait faire , comment un Electeur , comment un Député le pourrait-il ?

Elle ne saurait non plus dégager d'un serment.

Car , qu'est-ce donc qu'un serment ?

Un engagement solennel et sacré. Mais quand un engagement est pris , est-ce qu'on peut le rompre ? Est-il quelque cas où l'on puisse violer sa parole ? Le serment qui est reçu au nom de tout un peuple est-il moins sacré qu'un autre ? Les intérêts sont-ils moins grands ? Quel est d'ailleurs le serment que nous prêtons, celui des anciens Castillans.: « Sire , » nous jurons de vous être fidèles , si vous obéissez » à nos lois, si non, non. » Un pareil serment est plus saint que celui prêté sans conditition , car on ne peut s'engager à appuyer un lâche , un assassin , un parjure.

Cela établi, il ne nous reste plus qu'à examiner si l'on doit envoyer des Députés pour appuyer ou renverser l'administration : ce qui est le droit de l'Electeur et du Député ; en d'autres termes si ce qui s'est fait depuis juillet est conforme ou non à l'esprit de la révolution, s'il est avantageux ou non à la France, si l'on pouvait, si l'on devait suivre un autre système, et lequel.

Les partisans de la dynastie déchue, même ceux qui veulent le bien de leur pays répondront négativement sans doute. Cependant serait - ce trop exiger d'eux que de leur demander un moment d'attention ? Nous n'avons pas certes la prétention de changer les idées de toute leur vie ; mais l'acte qu'ils vont remplir est, ce semble, assez important pour qu'ils veuillent bien entendre un de leurs adversaires.

Il les priera d'abord de lui dire ce qu'ils auraient voulu qu'on fit le lendemain de la révolution, et eux n'hésiteront pas à répondre qu'il fallait placer sur le trône de ses pères le petit-fils de Saint-Louis et de Louis-le-Grand, comme ils disent, Henri V enfin. Ils ne voient pas que c'était alors une révolution à refaire, et que les vainqueurs faisaient un métier de dupes. Oh ! si le vœu des carlistes eut été exaucé, ils ne seraient pas si tranquilles aujourd'hui, la république leur dicterait ses lois et ils lui prêteraient leurs enfans pour révolutionner l'Europe. Nous ne croyons pas certes que personne eut osé prendre un pareil choix sous sa responsabilité.

Ils auraient voulu, disent-ils, une constitution plus démocratique. Nous les prions d'excuser une telle supposition ; mais leurs journaux nous donnent le droit de la faire. Que répondraient-ils cependant à celui qui leur dirait : pourquoi ne l'avez-vous pas donnée pendant les quinze années de la seconde restauration. Cela n'est donc pas votre véritable pensée ? C'est donc un moyen de guerre. Seulement est-il bien loyal de prêcher ce qu'on ne croit pas ? N'est-ce pas un mensonge, une sorte de faux, une de ces armes qu'un honnête homme rougit d'employer ?

Veulent-ils au contraire une constitution plus aristocratique, ou plus monarchique, mais qu'ils songent que la Charte de 1830 n'est guère autre chose que celle présentée en 1814 par le Sénat à Louis XVIII, et que ce monarque rejeta ; qu'ils songent que la constitution que la Chambre des représentans des cent jours légua au courage de la génération future était absolument semblable. D'où il résulte que notre constitution, mauvaise ou bonne, est à peu près la seule qui nous convienne.

Enfin, laissant de côté les principes constitutifs de notre ordre social, se plaindront-ils de la marche de l'administration ? Nous allons les suivre sur ce terrain. Ce qui s'est fait se réduit à trois points principaux : 1.º la question de la paix ou de la guerre ; 2.º celle de faire rentrer dans son lit le flot révolutionnaire ; 3.º le système d'administration intérieure. Nous allons examiner successivement ces divers points.

En effet, devions-nous porter notre drapeau sur le Rhin, et annoncer que nous entendions reconstituer l'Europe ? Telle était la première question qui se présentait le lendemain de la révolution.

Mais avant de nous avancer plus loin, nous disons que nous regardons cela comme une querelle de famille entre les diverses fractions du parti national, et que le parti carliste n'a pas le droit de s'en mêler. Les traités de 1815 ne sont-ils pas en effet son ouvrage? Pourquoi Napoléon est-il tombé? Pour n'avoir pas voulu les signer. S'ils sont mauvais, qui est coupable? Peut-on rejeter sur d'autres ce qu'on a fait? Aussi, ce que nous allons dire ne saurait le concerner.

Certainement le lendemain de la révolution, beaucoup de bons esprits eussent désiré un remaniement de l'Europe. L'indépendance de l'Italie et de la Pologne, les frontières reportées au Rhin, une nouvelle organisation de l'Allemagne et bien d'autres choses encore. Sans doute, tout cela était juste; mais à côté de la justice générale, à côté de la loi naturelle, il y a le droit écrit, il y a les traités; pouvait-on les violer? Pouvait-on de prime abord se mettre en dehors du droit des gens? Mais qu'en serait-il résulté? Les peuples, même nos amis, ignorant quelle était notre loi, se seraient séparés de nous. Sur quoi eussent-ils compté? Il nous aurait donc fallu faire publier à cet égard une nouvelle législation à notre usage? Tous les hommes sages sentent qu'il valait mieux s'en tenir aux règles généralement admises et user rigoureusement de son droit.

D'ailleurs, de pareilles hostilités n'étaient pas si peu de chose. Si l'on eut fait la guerre, il fallait ne pas poser les armes que l'Europe ne fût entièrement reconstituée; il fallait recommencer les guerres de la révolution et de l'empire, et aller de nouveau à Rome, à Milan, à Naples, à Vienne, à Moscou, à Berlin. Qui eût pu se flatter de réussir là où l'Empereur a échoué ? Il fallait que chacun de nous, jeune ou vieux, n'eût plus qu'une occupation, qu'un état, la guerre ; il fallait renoncer enfin, et pour long-tems encore à tous les arts de la paix, jouer à rouge ou noir la nouvelle révolution, faire descendre des millions d'hommes dans la tombe, ruiner une infinité de provinces, les plus florissantes cités pour des succès incertains. Qui eût osé assumer sur sa tête une si grande responsabilité ? Personne : pas même ceux qui si long-tems ont demandé la guerre, et qui, pour la plûpart, ne virent dans cette question qu'un moyen d'opposition.

A présent, examinons quels ont été les résultats de la paix. Un changement de constitution en Angleterre ; la Belgique arrachée à la Hollande ; la Suisse indépendante ; l'Espagne et le Portugal s'alliant aux états constitutionnels et entrant pour la première fois dans une voie toute nouvelle. Ces résultats sont loin d'être indifférens ; il est fort douteux qu'une guerre les eût procurés. Le parti pris était donc le plus sage.

Mais cette paix armée a coûté un demi milliard et plus en sus des revenus de la France : la guerre en eût coûté quatre.

Les étrangers en eussent payé les frais : nous nous les serions aliénés, et l'Empereur ne tomba que sous un soulèvement général de l'Allemagne. Aussi les hommes sages du parti carliste lui-même donneront leur approbation à une pareille politique, quoique elle leur ait été nuisible.

Mais, à côté de cette difficulté, il s'en présentait

une autre bien autrement grave; nous voulons parler de cette espèce de démoralisation qui s'était emparée d'une partie du peuple. Quoi! l'on pouvait chasser des rois à coups de fourches? Mais les trônes n'étaient donc pas si solides qu'on le pensait? En trois jours une monarchie de quatorze siècles était tombée, quelques heures devaient donc suffire pour en abattre une de quelques mois.

On oubliait que cette monarchie avait subi vingt-deux années d'exil; que le trône qui l'avait remplacée avait par trois fois ébranlé le monde dans sa chute; que l'Europe lui avait été soumise; qu'à la seconde restauration, le nouveau Roi s'était, pendant quatre ans, appuyé sur les baïonnettes étrangères, et que ce n'était qu'après cette époque, qu'il avait pu se créer une armée nationale.

Tous ces faits étaient oubliés et il semblait qu'à chaque acte douteux du gouvernement, de nouvelles barricades étaient en droit de l'abattre, et que le pouvoir n'avait plus le droit de se défendre. Le dernier Roi était tombé, disait-on, pour avoir mis Paris en état de siége et pour avoir tiré sur le peuple. Non: mais pour avoir voulu changer la constitution et pour avoir été forcé d'appuyer par la violence un pareil attentat.

En effet, le factieux qui se révolte est criminel: car personne n'a le droit de placer sa volonté au-dessus de celle de la constitution et de la Patrie; mais le Roi qui sort de son droit, qui viole d'une manière éclatante les intérêts nationaux, ou ceux non moins sacrés de la justice, ce Roi-là est coupable de tout le sang versé. Cette distinction ne pouvait entrer dans l'esprit du peuple. La première idée qui devait le frapper, c'est que puisque l'on avait précipité du trône un Roi qui ne convenait plus, on pouvait en faire autant du nouveau monarque. C'est cependant sur cette extravagante opinion que nous avons vécu plusieurs années ; toujours sur un volcan, toujours à la veille de nous aller faire tuer pour défendre l'ordre et les lois.

Ajoutez à cela que tous les hommes perdus et qui ne vivent que de désordre se donnaient en quelque sorte rendez-vous sur les points difficiles pour profiter des circonstances et agir, soit pour la république, soit pour toute autre cause ; que la presse, pour soutenir sa renommée, ou pour appuyer des systèmes qui lui souriaient, soufflait le feu de la discorde et souillait souvent par ses calomnies ou ses turlupinades, ce qu'il y avait de plus sacré et de plus pur : et qu'une foule d'esprits inquiets et généreux avaient vu dans la nouvelle révolution une émancipation générale du genre humain et exigeaient du pouvoir des conditions qu'un Dieu même n'aurait pu remplir.

Il fallait lutter contre toutes ces passions, contre toutes ces causes de désordre ; il fallait donner à l'orateur, à l'écrivain les honneurs de l'opposition et les douceurs de la puissance ; il fallait pour ce jeune homme à qui les barricades de juillet étaient ce que les trophées de Miltiade étaient pour Thémistocle, il lui fallait, dis-je, que, pour lui plaire, le nouveau Roi lui donnât le plaisir de se faire renverser aussi ; il fallait à l'ouvrier de forts salaires, au fabricant de nombreuses commandes, au laboureur de la sécurité, au soldat de la gloire, à tous enfin, les douceurs de la paix et les plaisirs délirans de la victoire. Qui eût pu résister à d'aussi nombreuses difficultés, à la peste qui ravageait la France, à la disette et au manque d'ouvrage qui frappaient le pauvre, et à la guerre du maître et de l'ouvrier qui ensanglantait nos villes?

Que fussent devenus tous ces habiles ministres de la restauration en présence de ces fléaux, de ces passions, de ces luttes?

Que n'a-t-il pas fallu pour les conjurer? Patience, respect de tous les droits, énergie, courage, tout était nécessaire. Qu'une seule de ces choses manquât, qu'une faute grave fût commise, et tout était perdu; nous tombions dans un abîme de misères; le cercle horrible d'une révolution sanglante et démagogique recommençait, et Dieu sait quel grand homme cette fois encore aurait remis chaque chose à sa place! Assurément ce n'eût pas été Henri V.

Toutes ces plaies paraissent se cicatriser; la dernière lutte a ouvert bien des yeux. On comprend que le pouvoir a aussi ses droits, et que, pour qu'il puisse remplir ses devoirs, il a besoin de sécurité et d'appui. On doit donc penser que beaucoup de bons citoyens, qui jusque-là, s'étaint tenus éloignés de lui, s'en rapprocheront, qu'ils lui tiendront compte de sa position difficile, et qu'ils refuseront leur appui à des hommes que leurs antécédens forcent à combattre toutes les mesures qui leur sont présentées.

Le tems est venu enfin où il faut pouvoir étudier en paix toutes les questions qui nous travaillent.

Beaucoup déjà sont en partie résolues, mais un bien plus grand nombre d'autres veulent être méditées. Ce serait trop d'injustice que de vouloir que le Gouvernement semblable aux anciens Hébreux combattit d'une main, et construisit de l'autre les murailles propres à défendre la cité. C'est cependant ce qu'il a fait depuis quatre ans, car tandis que d'une part il était obligé de se mettre en mesure près de l'étranger, de combattre toutes les factions, toutes les passions qui l'attaquaient de toutes les manières, qui faisaient, et sans interruption aucune, feu de toutes pièces contre son autorité, il lui fallait reviser presque toutes les lois essentielles de l'état, la pairie, les élections, les départemens, les municipalités, la garde nationale, l'armée, l'instruction publique, les divers systèmes d'impôts : car tout était en question.

A-t-on fait tout ce qu'il fallait faire ? Qui oserait s'en flatter ? Qui l'aurait pu ? Néanmoins si pendant les quinze années de la restauration, les rois de cette époque avaient quelque peu compris la position de la France, peut-être la tâche eut été plus facile ; mais ils avaient bien d'autres soins.

Nous ne traiterons pas toutes ces questions, le tems et l'espace nous manqueraient ; nous ferons cependant apercevoir l'infinie différence qui divise les deux époques.

Sous le premier des deux gouvernemens la pairie était héréditaire, sous le second elle est à vie ; ainsi la charte de 1814 était aristocratique, et celle de 1830 est démocratique.

Mais cette aristocratie était tout-à-fait factice, ce

qui était un danger ou une inutilité. Car la grande révolution de 89 avait presque totalement détruit la vieille noblesse. Cependant Louis XVIII entraîné par ses sympathies en ramassa les débris et comme il vit que la place qu'elle occupait autrefois n'existait plus, il voulut lui en créer une digne de son illustration, il pensa donc que le seul moyen était de faire une constitution analogue à celle de l'Angleterre, convaincu que de la sorte il satisfaisait à la fois et à ses amitiés et aux exigences libérales de son siècle.

Il avait oublié sans doute que l'aristocratie anglaise avait conquis le fer à la main cette haute position, et que pour se la faire pardonner elle avait donné au peuple la liberté, des travaux, de la puissance, de la civilisation et de la gloire. Sous la nouvelle constitution tout devait rentrer dans l'ordre naturel, et l'hérédité des pairs devait être rayée, elle l'a été.

La loi des élections était tout aussi aristocratique, elle était organisée pour mettre la majorité entre les mains de la noblesse, c'était encore une réminiscence de l'Angleterre. Mais que résultait-il de cela ? C'est que chambre haute et assemblée élective presque toujours se trouvaient par leurs vœux et léurs votes en contradiction avec le bien ou les desirs de la nation. Cela devait cesser, la bourgeoisie est aujourd'hui maîtresse des élections, c'est à cette classe, peuple par ses intérêts et élevée cependant par son instruction et ses mœurs, que sont confiés les destins du pays. Nous osons croire qu'ils ne sont pas en danger.

Que dirons-nous des municipalités et des départemens ? Que le système qui les règle est en harmonie avec celui qui dirige les élections et la pairie.

La garde nationale a subi de graves modifications, elle est devenue par la nomination de ses officiers en quelque sorte indépendante. On sent bien en effet que si le pouvoir a la faculté légale de dissoudre la garde nationale de telle ou telle ville, il serait plus que dangereux à son autorité de lutter contre son esprit général : aussi, c'est sans contredit la plus ferme garantie de la liberté. Pourquoi faut-il donc que certaines villes laissent en quelque sorte tomber en désuétude cette importante institution ?

L'éducation n'a reçu qu'une seule modification, mais c'est une institution toute nouvelle, une institution destinée à créer des générations plus instruites et par conséquent plus morales et plus intelligentes. Ses résultats seront immenses : puissent-ils dépasser les prévisions du meilleur ami de l'humanité ?

Quant aux impôts nous dirons que leur diminution, leur changement d'assiette, ne peuvent provenir que de la diminution des dépenses qui elle-même ne peut être que la conséquence de la paix extérieure et intérieure.

Tels sont les principaux résultats de la marche de l'administration ! sont-ils avantageux ? Faut-il continuer le système qui les a amenés ? Ou doit-on choisir des hommes qui appuyaient les doctrines aristocratiques de la restauration et qui aujourd'hui se sont jetés dans la démagogie ? Ne serait-il pas nécessaire de demander à ces derniers qu'elle est leur véritable opinion ? La chose est nécessaire, des plaies graves déchirent notre Patrie, il faut les cicatriser, et il serait dangereux de nommer des hommes qui ne seraient propres qu'à les enflammer par d'imprudens remèdes.

Nos cités sont pleines d'une jeunesse active et intel-
ligente, parmi elle : se trouvent des hommes d'exécution
qui demandent des travaux, peut-être même des périls ;
et d'autres qui, hommes de cabinet, préfèrent le silence
de l'étude. Que leur offrirez-vous ? Aux premiers sans
doute les dangers et les gloires de la place publique ;
aux seconds, les honneurs du journalisme et du tri-
bunat. Brillante perspective pour la Société ! Car
s'ils ont droit de vivre, il faut que cette dernière
soit florissante aussi, leurs intérêts mutuels, et quel-
quefois opposés, ont besoin de s'entendre : vous,
ennemis de la nouvelle constitution, leur servirez-
vous de truchemans ?

Et ce peuple innombrable d'ouvriers qui demande
du travail et du pain : lui en donnerez-vous en
agitant la place publique, ou en combattant toutes
les mesures du pouvoir ? Ce sont là nos plaies, les
difficultés qui sont à vaincre, qui paraissent presque
insolubles et qui ne peuvent être rompues qu'à force
d'intelligence, de patience et de tems. O vous donc
que la loi appelle à vous prononcer, songez que de
vous dépend l'avenir de la Patrie.

Mende, Imprimerie de J. J. M. Ignon. — 1834.